CONDITIONS DE LA VENTE

Elle sera faite au comptant.

Les Acquéreurs paieront, en sus des adjudications, CINQ pour CENT applicables aux frais de la vente.

DÉSIGNATION

DES

ESTAMPES

1. **Baroche** (Frédéric). Saint François. Belle épreuve.

2. **Belle** (Etienne de La). Vue perspective du pont Neuf de Paris (112). Très-belle épreuve du premier état avant la girouette, en forme de coq, placée sur le clocher de Saint-Germain l'Auxerrois. Rare.

3. — Les Quatre Saisons, représentant deux figures d'hommes et femmes dans un ovale entouré d'un cartel (J. 77). Belles épreuves avec toutes marges.

4. — Les Jeux des Roys de France, des Reines renommées, de la Géographie et des Fables, par J. D. M. (J. des Marets). Paris, Fl. Lambert, 1664; 1 vol. v., pet. in-12 contenant 39 fig., seulement les rois de France.

5. **Bloemaert** (C.). Portrait du cardinal Montalte, Colombe de Tofaninis de la congrégation de Saint-François, et Jean Boccace, par P de Jode. Trois portraits.

6. **Bosse** (Abraham). Les Vierges sages (G. D. 43). Belle épreuve, avec l'adresse de Leblond.

7. — Les Vierges sages (G. D. 44). Très-belle épreuve avec l'adresse de Leblond.

CATALOGUE

D'UNE COLLECTION

D'ESTAMPES

FRANÇAISES

PAR CALLOT, FLAMEN ET AUTRES

Vues de Paris anciennes par Israel Silvestre

PROVENANT DU CABINET DE M. B** D***

DONT LA VENTE AUX ENCHÈRES PUBLIQUES AURA LIEU

HOTEL DES COMMISSAIRES-PRISEURS

Rue Drouot, 5

SALLE N° 6, AU PREMIER ÉTAGE

Le Lundi 11 Mai 1863

A 1 HEURE 1/2 PRÉCISE

Par le ministère de Me **VAUTIER**, Commissaire-Priseur,
boulevart de Sébastopol, 107 (rive droite),

Assisté de M. **CLEMENT**, Md d'Estampes de la Bibliothèque
impériale, rue des Saints-Pères, 3,

Chez lesquels se distribue le présent Catalogue.

EXPOSITION PUBLIQUE

Le Dimanche 10 Mai 1863, de une heure à quatre heures.

PARIS

RENOU & MAULDE

IMPRIMEURS DE LA COMPAGNIE DES COMMISSAIRES-PRISEURS

Rue de Rivoli, 144.

1863

CATALOGUE

D'UNE COLLECTION

D'ESTAMPES

FRANÇAISES

Par CALLOT, FLAMEN et Autres

Vues de Paris anciennes par Israel Silvestre

PROVENANT DU CABINET DE M. R*** D***

DONT LA VENTE AUX ENCHÈRES PUBLIQUES AURA LIEU

HOTEL DES COMMISSAIRES-PRISEURS

Rue Drouot, 5

SALLE N° 6, AU PREMIER ÉTAGE

Le Lundi 11 Mai 1863

A 1 HEURE 1/2 PRÉCISE

Par le ministère de Me VAUTIER, Commissaire-Priseur,
boulevart de Sébastopol, 107 (rive droite),
Assisté de M. CLEMENT, M^d d'Estampes de la Bibliothèque
impériale, rue des Saints-Pères, 3,
Chez lesquels se distribue le présent Catalogue.

EXPOSITION PUBLIQUE

Le Dimanche 10 Mai 1863, de une heure à quatre heures.

PARIS

RENOU & MAULDE

IMPRIMEURS DE LA COMPAGNIE DES COMMISSAIRES-PRISEURS
Rue de Rivoli, 144.

1863

8. **Bosse** (Abraham). Les Vierges folles (46). Très-belle épreuve avec l'adresse de Leblond.

9. **L'Air** (1094). Très-belle épreuve avec grandes marges.

10. — Cérémonie observée au palais de Fontainebleau, au contrat de mariage de Uladislas IIII, roi de Pologne, et de Louise-Marie de Gonzague, princesse de Mantoue et de Nevers (1223). Très-belle épreuve d'une pièce des plus intéressantes pour les costumes et l'intérieur, de l'époque Louis XIII.

11. — La Joie de la France (1226). Superbe épreuve avec le privilége.

12. — L'Infirmerie de l'hôpital de la Charité de Paris (1266). Très-belle épreuve.

13. — L'Hôtel de Bourgogne (1268). Superbe épreuve d'une pièce rare et dés plus recherchées de l'œuvre de A. Bosse.

14. — Plan du Jardin des Plantes (1269). Très-belle épreuve.

15. — Le Mariage à la ville, la Mariée reconduite chez elle (1375). Superbe épreuve avec l'adresse de Leblond.

16. — L'Accouchement (1376). Très-belle épreuve avec l'adresse de Leblond.

17. — Le Mariage à la campagne. Des paysans et paysanes dansent sur la place du village (1381). Très-belle épreuve avec l'adresse de Leblond.

18. — Deux jeunes gens portent sur leurs épaules un bâton auquel est suspendu un chaudron (1382). Superbe épreuve avec l'adresse de Leblond et avec grandes marges.

19. — Le Sculpteur (1386). Très-belle épreuve avec l'adresse du graveur et avec grandes marges.

20. — L'Imprimeur (1388). Très-belle épreuve avec l'adresse du graveur.

21. — Le Maître d'école (1389). Superbe épreuve avec l'adresse de Leblond.

22. — Les Femmes à table, en l'absence de leurs maris (1399). Très-belle épreuve.

23 **Boyvin** (René). Figures de femmes (R. D. 84, 85 81, partie droite des figures d'hommes); la partie droite du n° 84 est double. En tout, 6 pièces. Belles épreuves.

24. **Callot** (Jacques). Portrait de Callot par Abraham Bosse. Très-belle épreuve.

25. — Portrait de Callot par M. Lasne. Très-belle épreuve avec grandes marges.

26. — Autre portrait de Callot, d'après M. Lasne, par Loemans.

27. — Le Passage de la mer Rouge. (Cat. de M. Meaume, 1). Très-belle épreuve du premier état.

28. — L'Enfant Jésus (3). Belle épreuve avec une petite marge d'une pièce rare.

29. — Saint Jean prêchant dans le désert (4). Belle épreuve.

30. — Le Massacre des Innocents (5). Première planche. Très-belle épreuve du premier état, avant toute lettre.

31. — La même estampe. Belle épreuve du second état; malheureusement, elle a été rognée tout au tour de l'ovale.

32. **Callot** (Jacques). Le Massacre des Innocents (6). Deuxième planche. Très-belle épreuve du premier état, avant toute lettre.

33. — La même estampe. Belle épreuve du second état.

34. — L'Ecce Homo (7). Belle épreuve du troisième état, avant l'adresse de *P. Mariette*.

35. — Le Portement de Croix (9). Belle épreuve d'une estampe très-rare.

36. — Jésus-Christ en croix (10). Belle épreuve.

37. — La Passion de Notre-Seigneur. Suite de sept estampes dite la *Grande Passion* (12-18) Très-belles épreuves du premier état. La planche n° 12, représentant le Lavement des pieds, est doublé et du deuxième état.

38. — La Passion de Notre-Seigneur; suite de douze estampes, dite la *Petite Passion* (19-30). Très-belles épreuves du premier état, avant les numéros, à l'exception du n° 6 de la suite qui est du deuxième état, et qui ne se rencontre jamais du premier. Gersaint prétend que l'on n'en connaît qu'une épreuve.

39. — Les Mystères de la Passion de Notre-Seigneur; suite de treize compositions dont six en ovale et sept en rond, surmontées de sept sujets, en ovale, de la vie de la Vierge (31-36). Superbes épreuves du premier état, avant le nom de *Callot* et l'adresse d'*Israël*. Très-rares; il manque le n° 31 qui est le titre.

40. — Les Mystères de la Passion de Notre-Seigneur (36). Belle épreuve.

41. — Le Nouveau-Testament. Suite de onze estampes y compris le titre gravé par *A. Bosse* (337-47). Très-belles épreuves du premier état.

42. — Les quatre Banquets. Suite de quatre estampes (48-51). Belles épreuves du premier état, avant les numéros, à l'exception du n° 51 qui est du deuxième état.

43. — Jésus-Christ au milieu des mesureurs de grains (52). Très-belle épreuve.

44. — La Parabole de l'Enfant prodigue. Suite de onze morceaux (53-63). Superbes épreuves du deuxième état, avant les numéros et avec grandes marges.

45. — La Sainte Famille à table (65). Belle épreuve du premier état, avant l'adresse d'*Is.aël Silvestre*, etc.

46. — L'Annonciation (71). Belle épreuve d'une pièce rare.

47. — La Vie de la Sainte Vierge. Suite de quatorze estampes y compris le frontispice (76-89). Très-belles épreuves du premier état, avant les numéros avec grandes marges.

48. — Différents sujets, suite de neuf estampes (90-99). Belles épreuves du deuxième état.

49. — Judith (91). Très-belle épreuve du premier état, avant toute lettre.

50. L'Apôtre saint Pierre (101). Très-belle épreuve du deuxième état.

51. — Saint Paul (103). Très-belle épreuve du premier état, avant l'adresse de *P. Mariette*

52. — Le Triomphe de la Vierge (100). Très-belle épreuve du premier état.

53. — Le Sauveur. La Sainte Vierge. Les douze Apôtres et Saint-Paul, l'apôtre des nations, en pied, suite de seize estampes, y compris le titre (104-119). Très-belles épreuves du premier état, à l'exception des n°s 108, 111, 114 et 116, qui sont du deuxième état.

54. — Le Martyre des Apôtres, suite de seize estampes (120-135). Très-belles épreuves du premier état, avec marges.

55. — La même suite. Belles épreuves du deuxième état, avant les numéros.

56. Le Martyre de saint Laurent (136). Belle épreuve.

57. — Le Martyre de saint Sébastien (137). Très-belle épreuve du premier état, avant l'adresse d'*Israel Silvestre*, etc.

58. — La Tentation de saint Antoine (139). Belle épreuve du troisième état.

59. — Saint-Nicolas ou saint Séverin. (140) Belle épreuve du deuxième état.

60. — Le Miracle de saint Mansuy (141). Très-belle épreuve du sixième état (il y en a huit). Rare.

61. — Les Pénitents et Pénitentes, suite de six estampes, y compris le titre gravé par *A. Bosse* (147-152). Très-belles épreuves.

62. — La même suite. Belles épreuves.

63. — Les Martyrs du Japon (155). Superbe épreuve du premier état.

64. — La Possédée ou l'Exorcisme (156). Belle épreuve du troisième état.

65. — Les Péchés capitaux, suite de sept estampes (157-103). Épreuves du premier état, avant les numéros, à l'exception du n° 157, qui est du deuxième.

66. — Les Sacrifices, suite de trois estampes (164-166) Très-belles épreuves avec une petite marge, très rares.

67. — Titre des Miracles et Grâces de Notre-Dame de Bon-Secours-les-Nancy (197). Belle épreuve.

68. — Titre de la sainte Apocatastase (198). Très-belle épreuve.

69. — Le titre aux Astrologues (203). Très-belle épreuve d'une estampe fort rare.

70. — Estampes décorant le livre intitulé : *Vie de la Mère de Dieu, représentée par emblèmes*, suite de vingt-sept estampes, y compris le titre (207-233). Très-belles épreuves du premier état.

71. — La même suite. Belles épreuves du premier état. Il y en a plusieurs de tachées.

72. — Estampes décorant le livre intitulé : *Lux claustri* ou *la Lumière du Cloistre* (234-260). Suite complète de vingt-sept estampes, employées dans le livre en question, et avec des quatrains français au-dessous de chaque estampe.

73. — La même suite. Très-belles épreuves sans le texte.

74. — Les Images de tous les Saints et Saintes et des Fêtes mobiles de l'année, suite de 490 estampes (302-425). Très-belles épreuves du pre-

mier état, pour les planches représentant les Saints et du deuxième état pour les 12 planches représentant les fêtes mobiles.

75. — Miracles opérés par l'intercession de Notre-Dame de l'Annonciade de Florence (261-301). Suite complète de quarante et une estampes employées dans le livre intitulé : *Scelta d'alcuni Miracolini della Santissima Nunziata di Firenze*, etc. Belles épreuves de la première édition publiée en 1619, 1 vol. in-8 vél.

76. — Titre des Statuts des Chevaliers de Saint-Étienne (428). Très-belle épreuve du premier état, collection du cardinal Imperialis.

77. — Estampes décorant le poëme intitulé : Fiesole distrutta, par Peri d'Archidosso, deux estampes, une représentant le titre du livre et l'autre le portrait du poëte (432 et 433). Belles épreuves.

78. — Estampes décorant le livre intitulé : Il Solimano, tragedie del conte Prospero Bonarelli. Suite de six estampes, y compris le titre (434-439). Très-belles épreuves. Le titre n° 434 est du deuxième état.

79. — La même suite. Belles épreuves avec le texte, 1 vol. in-4.

80. — Figures du voyage à la Terre Sainte. (455-489). Suite de quarante-sept estampes sur trente-cinq planches, avec le titre gravé et le frontispice imprimé. Épreuves du premier tirage avec le texte au verso.

81. — Estampes décorant le livre intitulé : Combat à la barrière, par Henry Humbert. Nancy, 1627 (492-503). Suite complète de onze estampes, titre compris, intercalées dans un vol. petit in-4. Très-rare.

82. — Portrait de Claude Dervet, peintre du duc de Lorraine (505). Très-belle épreuve du deuxième état.

83. — Louis XIII, roi de France, à cheval (507). Ce portrait est gravé par Michel Lasne et le fond par Callot. Très-belle épreuve du premier état.

84. — Louis de Lorraine, prince de Phalsbourg, à cheval (508). Très-belle épreuve.

85. — Débarquement des troupes (533). Très-belle épreuve du deuxième état avec les mots : *Israel excudit.*

86. — Principaux faits du règne de Ferdinand Ier de Médicis, grand-duc de Toscane. Suite de seize estampes (534-549). Superbes épreuves avec une petite marge ; il manque le n° 549, qui forme la seizième pièce de la suite et dont Mariette dit avoir vu que deux épreuves.

87. — Le combat des galères du grand-duc (551-552). Belles épreuves du premier état.

88. — La Revue (556). Belle épreuve.

89. — Les petites Misères de la guerre, suite de sept pièces (557-563). Très-belles épreuves.

90. — Les grandes Misères de la guerre, suite de dix-huit pièces (564-581). Très-belles épreuves avant que les inscriptions *Israel ex* ou *excud, cum. priv. reg.* aient été effacées et avec toutes leurs marges ; à l'exception des n°s 580 et 581, qui sont remontés.

91. — Les Exercices militaires. Suite de treize pièces, y compris le titre (582-594). Superbes épreuves du premier état, avant les numéros.

92. — La Rencontre à l'épée (595). La Rencontre au pistolet (596). Deux pièces. Très-belles épreuves.

93. — Catafalque de l'empereur Mathias (597). Très-belle épreuve du deuxième état, avant l'adresse de *Israël Silvestre excudit cum privil. regis.*

94. — L'Éventail (617). Très-belle épreuve du deuxième état. Rare. M. Meaume décrit un premier état de cette pièce avant l'inscription dans la banderole et avant le nom de Callot. Mais il indique qu'il ne l'a jamais vu et qu'il se trouve décrit dans le catalogue manuscrit de la collection Rossi, rédigé par M. Piéri-Benard.

95. — La Carrière, ou la rue Neuve-de-Nancy (621). Très-belle épreuve du premier état.

96. — Parterre au jardin de Nancy (622). Superbe épreuve du premier état, avant l'adresse d'*Israël Silvestre. ex. cum. privil. regis.* Très-rare à rencontrer de cette beauté.

97. — Le Jeu de boules, ou la foire de Gondreville (623). Belle épreuve du deuxième état, avant l'adresse d'*Israël Silvestre,* etc. (Il y en a quatre.)

98. — Les deux Pantalons (626). Très-belle épreuve. Rare.

99. — Les trois Pantalons, suite de trois pièces représentant trois personnages de la comédie italienne (627-629). Épreuves d'une ~~grande beauté.~~ Le Cassandre n° 627 est du premier état.

100. — Les Supplices (665). Superbe épreuve du deuxième état ; la statue de la Vierge est très-apparénte.

101. — La même estampe. Belle épreuve du troisième état, avant l'adresse d'*Israël Silvestre*.

102. — Balli ou Cucurucu. Suite de vingt-quatre pièces (641-664). Superbes épreuves du premier état, avant les numéros.

103. — Le Brelan, ou l'Enfant prodigue trompé par une troupe de filous (666). Très-belle épreuve de la copie.

104. — Les Bohémiens. Suite de quatre pièces (667-670). Belles épreuves du deuxième état, avant l'adresse d'*Israël Silvestre*, etc.

105. — La Dévideuse et la Fileuse (671). Très-belle épreuve du premier état.

106. — Deux Dames de condition debout (672). Très-belle épreuve du premier état.

107. — La Noblesse. Suite de douze pièces (673-684). Superbes épreuves du premier état, avant l'adresse *I. Silvestre ex. cum privil. regis.*

108. — Les Gueux, ou Mendiants, suite de vingt-cinq estampes, y compris le frontispice (685-709). Superbes épreuves du premier état, avant les numéros.

109. — La Petite Treille (710). Très-belle épreuve. Cette planche est la dernière gravée par le maître.

110. — La Chasse (711). Très-belle épreuve du premier état.

111. — La petite Vue de Paris (722). Superbe épreuve du premier état, avant la vue du Pont-Neuf. Rare.

112. — La même estampe. Très-belle épreuve du deuxième état (il y en a cinq).

113. — Vue du Louvre (713). Vue du Pont-Neuf, de la Tour et de l'ancienne porte de Nesle (714). Deux pièces faisant pendant. Très-belles épreuves du deuxième état, avant l'adresse d'*Israël Silvestre, etc.*

114. — Figures variées, suite de dix-sept pièces, y compris le titre (730-746). Très-belles épreuves du deuxième état, les nos 737, 740, 744 et 746 sont du premier état.

115. — Les quatre paysages (715-718). Belles épreuves.

116. — Les Bossus ou Gobbi, suite de vingt et une pièces (747-767). Très-belles épreuves du premier état, avant les numéros.

117. — Les Caprices. Suite de cinquante pièces (768-867). Première suite publiée à Florence. Très-belles épreuves du premier état, avant les numéros, il manque le n° 812, 1er pl.

118. — Les Caprices, suite de cinquante pièces (768-867). Deuxième suite publiée à Nancy. Très-belles épreuves du premier état, avec une petite marge.

119. — Jésus en prière au jardin des Oliviers (977). Belle épreuve.

120. — La place de Sienne (1037). Très-belle épreuve.

121. — Paysages dessinés à Florence, par Callot (1187-1198). Suite de douze pièces. Très-belles épreuves du premier état, avant les numéros. Il manque les numéros 1187 et 1198.

122. — Bourgeoises dans différentes attitudes (1209-1212). Première suite de quatre pièces. Très-belles épreuves; la première pièce dont il y a un état est du premier. D. 18.

123. — Bourgeoises dans différentes attitudes (1213-1219). Deuxième suite. Belles épreuves. D. 18

124. — La Cène (13), Jésus au milieu des docteurs (38), épreuve avant la lettre; Présentation au temple (78), saint Jean dans l'île de Pathmos (102), saint Pierre (107), saint Thomas (112), le Martyre de saint Mathieu (133), le Martyre de saint Laurent (136), et autres. Neuf pièces. Belles épreuves.

125. **Carrache** (Annibal). Suzanne surprise par les vieillards. Ancienne épreuve.

126. **Cousin** (Jean, attribué à). Homme nu assis se regardant dans un miroir. Il est dans un paysage où sont des ruines de monuments antiques. Belle épreuve d'une estampe fort rare.

127. **V. Dalen** (C. Van). Anna-Maria Schurman. Belle épreuve, mais elle est trouée de vers.

128. **David** (H.). Altabalipa, roi de Perse, Barbaroussa, roi d'Algérie. Deux portraits d'après Cl. Vignon.

129. **A. de Blois**. Hortense Mancini, duchesse de Mazarin, d'après P. Lely.

130. **M. Desbois**. Aloysius Sagredo, patriarche de Venise.

131. **Dyck** (D'après Ant. Van). Marie d'Autriche, femme de Ferdinand III, empereur d'Allemagne, par C. Galle. Très-belle épreuve.

132. — Béatrix de Cusance, comtesse de Cantecroix, par P. de Jode, Henriette de Lorraine, par C. Galle, Isabelle-Claire-Eugénie, infante d'Espagne. Trois portraits; ils sont troués de vers.

133. — Charles Columna, Jean, comte de Nassau, Ambroise Spinola, Don Alvarl Bazan, Philippe de Gusman, Guillaume, comte palatin du Rhin, fra Lelio Blancatcio, François-Thomas de Savoie, Albery, prince d'Aremberg, Henri comte, de Nassau. Onze portraits, belles et anciennes épreuves.

134. — Gustave-Adolphe, roi de Suède, Emmanuel Frockas, Ferdinand d'Autriche, François de Montcade, Godefroy - Henri , comte de Papenheim , Kenelme Digbie. Sept portraits; belles et anciennes épreuves.

135. **Edelinck** (G.). Pierre II, roi de Portugal. (R. D. 296). Très-belle épreuve.

136. **Faithorne** (W.). Charles Ier, roi d'Angleterre. Belle épreuve qui est trouée de vers.

137. **Falek** (J.). Georges Tyszkiewicz, évêque de Wilna, Louis de Geer, Gustave Horn, Arfwedo Wittenberg, Petro Brahe, Rupert Duglasio, Dny Dny Hammerstein. Sept beaux portraits; malheureusement ils sont troués de vers.

138. **Flamen** (Albert). Devises et emblesmes d'amour, *gravés à Paris par Albert Flamen, peintre, Louis Boroscuin excud. Avec priuilege du Roy,* 1653. 1 vol. in-12, veau. (R. D. 210-260).

139. — Le Coq (R. D. 393). Rare épreuve tirée avec une bordure d'ornementation.

140. — Première partie. Diverses espèces de poissons de mer, désignés et graués après le naturel, par Albert Flamen, peintre, et par luy desdiés,a messire Guillaume Tronson, conseiller du Roy en ses conseils. Avec priuil. du Roy (451-462). Suite de douze estampes. Très-bellesépreuves.

141. — Seconde partie de poissons d'eau douce, desseignés et graués par Albert Flamen, peintre, avec privilège du Roy (R. D. 463-474). Suite de douze estampes. Très-belles épreuves du 2e état, avec l'adresse *Van Merlen*.

142. **Gillot** (C.). Fête de Bacchus, célébrée par des Satyres et des Bacchantes. — Fête de Diane, troublée par des Satyres. Très-belles épreuves avant les trois quatrains de *Dubruit* dans la marge, en dessous du titre ; elles sont à grandes marges. Rares en cet état.

143. **Gole** (J.). Guillaume III, roi d'Angleterre (deux différents portraits) et Marie, son épouse, la duchesse de Cleaveland, quatre portraits.

144. — Charles XII, roi de Suède, Amélie Anhalt de Nassau, princesse douairière de Fribe ; Innocent XII, sonverain pontife. Trois portraits.

145. **Gunst** (P.). Portraits de personnages anglais, d'après A. Vander Werff : Marie Stuart ; Marie, reine d'Angleterre ; Elisabeth, reine de Bohême ; Elisabeth d'York, Jacques Ier, Thomas Morus, Thomas Howard, Hamilton, comte d'Aran, Octave Farnèse, duc de Parme. Neuf portraits avant

la lettre, fort rares ; malheureusement, ils sont troués de vers ; plus Parker, archevêque de Cantorbéry, Robert d'Evreux, comte d'Essex, François d'Alençon, en tout douze pièces.

146. **Hubert** (N.). Corneille Jansénius, d'ap. Ph. de Champagne. Belle épreuve.

147. **Heyde** (Jacques de). Cinq portraits d'empereurs d'Allemagne : Ferdinand Ier, Albert Rudolphe, Rudolphe, Frédéric III et Frédéric IV.

148. **Hollar** (W.). Catherine, infante de Portugal. Belle épreuve.

149. **Hondius** (Guillaume). Bôhdan Chmielnicky, Adam Czasniki, maréchal de Pologne, Jean Radziwil. Trois beaux portraits qui malheureusement sont troués de vers.

150. **La Fueille** exc. : avec Prevé. Portraits des lords régents d'Angleterre pour l'administration du gouvernement durant l'absence du roi, et qui sont : le lord Thomas Tennisson, archevêque de Cantorbéry ; le comte de Pembrok ; le chevalier Jean Sommers ; le duc de Shrewsbury ; W..., duc de Dévonshire ; lord Godolphin ; le comte de Dorset. Sept médaillons sur la même feuille, trouée de vers.

151. **Nanteuil** (R.) Don Juan d'Autriche. (R. D. 114.) Très-belle épreuve du 3e état.

162. — Christine, reine de Suède. (R. D. 67.) Très-belle épreuve du 3e état.

153. — Mazarin et Alexandre IX, par Van Schuppen. Deux portraits.

154. **Oudry** (J.-B.). Le Chien braque en arrêt. (R.D.
5.) *Chef-d'œuvre du maître.* Très-belle épreuve
avant la lettre. Rare.

155. **Peake** (Rob.). James marquess Hamilton, Thomas Howard, par Vosterman; Jacques II. par
Vermeulen. Avant la lettre. Trois portraits; malheureusement ils sont troués de vers.

156. **Pontius** (P.). Ambroise, comte de Hornès;
Laurent Ramires de Prado, par Fruysiers; Picco-
lomineo d'Aragon, par Vosterman; André Can-
telmus, par Langrenus; prince Charles de Silésie,
par W. von Velde. Cinq portraits.

157. **Poussin** (Nicolas). Jeux d'enfants. Très-belle
épreuve de cette jolie pièce, attribuée à notre
grand maître de l'École française. Elle est avant
l'adresse de *Mariette.*

158. **Rembrandt** (Van Rhyn). Abraham qui reçoit
les trois anges. (Cl. 35.) Superbe épreuve tirée
avec beaucoup de barbes. D

159. — La Circoncision. (Cl. 51.) Très-belle épreuve
du 1er état, inconnu à Bartsch et à Claussin, avant
les travaux à la pointe sèche vers le milieu du
haut de la planche. D

160. La même estampe. Belle épreuve du deuxième
état.

161. La sainte Famille. (Cl. 67.) Deux épreuves, dont
une du premier état.

162. **Reni** (Guido). La Sainte Famille. Belle épreuve.

163. **Sadeler** (Eg.). Charles de Longueval, comte de Buquoy, Sigismond Bathori, prince de Transylvanie; Allégorie sur les empereurs d'Allemagne. Trois pièces, belles épreuves, mais elles sont trouées de vers.

164. **Schenck** (P.). Charles XI, roi de Suède; Frédéric Ier, roi de Prusse; Frédéric, duc de Saxe; Léopold, empereur d'Allemagne; Charles, landgrave de Hesse. Cinq portraits.

165. **Silvestre** (Israël). Vües et perspective du Palais-Cardinal du costé du jardin (49). Belle épreuve.

166. — Veüe et perspective de l'hostel de Saint-Paul, et de la fassade des R. P. Jésuites de la ruë Saint-Anthoine (49). Belle épreuve.

167. — Veües et perspective du Cours de la Reyne mere (50). Belle épreuve.

168. — Vue de l'hostel de ville de Paris (62). Belle épreuve.

169. — Veuë et fassade du chasteau de Madrid, très-agreable en ses issues qui conduisent d'un costé dans le boys de Boulogne (62-4). Belle épreuve.

170. — Veuë et perspective de la maison appartenant à Mme de Bretonuilliers du costé du jardin dans l'isle Nostre-Dame (117). Belle épreuve.

171. — Livre contenant les veües et perspectives de la chapelle et maison de Sorbonne (157-1). Belle épreuve.

172. — Veue et perspective de la chapelle et maison de Sorbonne (157-3). Belle épreuve.

173. — Veüe et perspective de la chapelle et maison de Sorbonne, du costé de la court (157-4). Belle épreuve.

174. — Veües et perspective du village et du pont de Charenton. Veües et perspective du pont et du temple de Charenton (189-1 et 2). Belles épreuves.

175. — Profil de la ville de Saint-Denis (290). Belle épreuve.

176. **Thomassin** (Ph.). Portraits de Louis, dauphin de France, et de Anne-Marie de Bourbon, princesse de Conti. Deux pièces.

177. — Portrait de C. Cignani. Belle épreuve.

178. **Visscher** (C.). Portrait de Coppenol. Belle épreuve avant la lettre et avant les travaux sur la manche de la robe, malheureusement elle est trouée de vers.

179. — Juste Vondel, Robert Junius, Alexandre VII, souverain-pontife. Trois beaux portraits, malheureusement ils sont troués de vers.

180. **Visscher** (N.). Jacques II, roi de la Grande-Bretagne; Jacques, duc de Montmouth. Deux portraits qui sont troués de vers.

181. **Watteau** (Antoine). Figures de modes. (R. D. 1-7.) Suite complète de sept estampes. Superbes épreuves avant l'adresse : *A Paris, chez Hecquet, rue Saint-Jacques, à Saint-Maur ou à l'image Saint-Maur. C. P. R.*; elles ont de la marge. Suite rare à rencontrer complète.

182. **Watteau** (d'ap., Antoine). Costumes d'hommes et femmes. Onze pièces, dont cinq avant la lettre. Très-belles épreuves.

183. — Portrait de Charles-Quint, d'après Titien. Belle épreuve.

184. **Testa** (P.). La Communion de saint Jérôme, d'après le Dominiquin. *Robert van Aundenaerd.* La Descente de Croix, d'après D. de Volterre. *Pesne.* L'Adoration des Bergers. *C. Cort.* Paysage avec bergers. Quatre pièces.

185. — Le Triomphe, d'après Marc-Antoine. Sujet mythologique, d'après Bloemaert. *G. Audran.* Sujet de l'histoire romaine. *Bartholozzi.* Berger et Bergère gardant un troupeau, etc. Sept pièces.

Renou et Maulde, Imprimeurs de la Compagnie des Commissaires-Priseurs, rue de Rivoli, 144.   22663